Georg Nusser

Der Flug des Schmetterlings

Gedichte

Titel:	**Der Flug des Schmetterlings**
Autor:	Georg Nusser
Grafiken:	Georg Nusser
Satz:	Andreas Vogel
Verlag:	Books on Demand, Norderstedt
Herstellung:	Books on Demand, Norderstedt
Copyright:	© 2013 Georg Nusser
ISBN:	9783732279432

Dieses Gedichtheft ist für 8 € bei Georg Nusser zu beziehen.
eMail: schmetterling168@googlemail.com

Inhalt

Einleitung

Dieses kleine Gedichtheft ist entstanden aus dem Leben und den Situationen, die das Leben uns zeigt. Vielleicht kann sich der Eine oder die Andere darin finden, vielleicht aber auch nicht.

Meine Gedichte halten sich nicht an die stilistischen Vorgaben der Poesie und der Gedichtkunst. Meine Gedichte enthalten Lyrik, Epik und Dramatik, aber alles nicht in reiner Form sondern in der Mischform.

Die Dichtkunst geht weit in unsere Vergangenheit. Dichter der Antike waren:

Echnaton   (der ägyptische Aton-Hymnus, 14. Jahrhundert v. Chr.)
König David   (der hebräische Psalter, 1000 v. Chr)

die Griechen

Archilocos	(7. Jahrhundert v. Chr.)
Treprantos	(7. Jahrhundert v. Chr.)
Alkaios von Lesbos	(7. Jahrhundert v. Chr.)
Sappo	(7. Jahrhundert v. Chr.)
Anakreon	(6. Jahrhundert v. Chr.)

die Römer

Catull	(1. Jahrhundert v. Chr.)
Tibull	(1. Jahrhundert v. Chr.)
Properz	(1. Jahrhundert v. Chr.)
Ovid	(1. Jahrhundert v. Chr.)
Horaz	(1. Jahrhundert v. Chr.)

Nationallyriker waren z.B.
Schiller, Goethe, Wiliam Shakespeare, FrancoisVillon, Walt Whitman

(Quelle: Wikipedia)

Da ich neue Wege gehen möchte, Neues in Sprache und Worte fließen lassen möchte, erschließt sich der Sinn meiner Gedichte nicht gleich.

Ich tauche ein in die Wortwelt und in Situationen und möchte die Situationen modellierend umschreiben um etwas Neues für den Leser entstehen zu lassen.

Kritisch durchleuchte ich mit den Worten die Situationen, die eigentlich klar erschienen. In dieser Welt, in der wir leben, ist aber bei genauer Betrachtung Nichts wirklich klar.

Missverständnisse können durch Worte und Sprache entstehen.

Es sind kreative Anregungen, die ich dem Leser weitergeben möchte.

In einer Welt der Grenzen möchte ich mit Worten einen Raum der Grenzenlosigkeit schaffen.

Zum Autor

Georg Nusser jun. wurde am 25.10.1968 in Deutschland in einer kleinen Ortschaft, Ilshofen, in der das Geburtskrankenhaus schon nicht mehr steht, geboren.

Nach der Kindheit wurde er in eine Ausbildung gezwungen, die er nicht erlernen wollte.

Nach der Ausbildung und dem Zivildienst absolvierte er eine weitere Ausbildung im sozialen Bereich.

Er ergriff eine Ausbildung zum bildenden Künstler an der Akademie der Bildenden Künste in Schwäbisch Hall, u.a. bei Michael Klenk und Franz Rassel. Es folgten Ausstellungen.

Nach dieser Ausbildung folgte eine weitere Ausbildung im Gesundheitsbereich. 2003 entschied er sich selbständig zu machen (Firma Ayurveda Gesundheit), um die Fesseln des Angestelltseins abzulegen. Er hat diverse Sozialprojekte konzipiert und gegründet.

In den Jahren von 2010 bis 2012 erhielt er vom Wirtschaftsministerium BW jeweils eine Anerkennung für sein soziales Engagement.

Er reiste im Jahr 2000 nach Nepal, um die dortigen Menschen und ihre Kultur kennen zu lernen. Er hat Projekte konzipiert und gegründet: Lebensgemeinschaft, S.M.O, Ayurveda Freundeskreise, Selbsthilfegruppenleitertreffen, Hilfe für Menschen in häuslicher Not, Soforthilfe für Mütter und Väter (S.M.V) etc.

Georg Nusser arbeitet seit 2012 im lokalen Stadt-Radio (Radio StHörfunk) und hat eine eigene Gesundheitssendung „Health Corner", in der er Experten wie Bürger einlädt, ihre Erfahrungen aus dem Bereich der alternativen Medizin mitzuteilen.

Georg Nusser ernährt sich vegetarisch mit Tendenz zur veganen Ernährung.

Zu seiner Lebensphilosophie gehört es, dass Menschen mit Natur und Tieren in einer harmonisch-friedlichen Gemeinschaft zusammen leben sollen, in der Kontroversen möglich sind, aber nicht zu einem unmenschlichen Krieg führen.

Wenn Sie sich an den Projekten von Georg Nusser beteiligen möchten, finanziell oder auch durch Ihr Engagement, schreiben Sie bitte an: schmetterling168@googlemail.com

Alle Bilder in diesem Gedichtheft sind von Georg Nusser selbst gemalt worden.

Wenn Sie Bilder oder Gedichte erwerben möchte oder in Auftrag geben möchten, können Sie auch eine Mail senden. Wenn Sie etwas rückmelden wollen, verwenden Sie auch unten stehende Mailadresse.

Georg Nusser unterstützt die Arbeit von Ärzte gegen Tierversuche e.V.

Immer wieder wurde er durch Schicksalsschläge auf die Kernfragen des Lebens, des Glaubens und zur Kunst geführt.

Linksammlung:
http://lebensgemeinschaftdubistwillkommen.cms4people.de/43.html
http://www.ayurveda-gesundheit.com
http://www.smo-mobbing-hilfe.cms4people.de
http://www.aerzte-gegen-tierversuche.de/
http://www.storl.de/

Georg Nusser ist natürlicher Christ.

Sie können gerne Kontakt aufnehmen unter:

schmetterling168@googlemail.com.

Was ist natürliches Christsein?

Natürlicher Christ: Die katholisch-christliche Entwicklung oder die Extremformen des Christentums sowie anderer Glaubensrichtungen lehne ich ab, da sie, wie die Geschichte zeigt, in Krieg und Mord enden. Gerade im 13. Jahrhundert war die Inquisition der katholischen Kirche ein Werkzeug um Angst und Schrecken unter den Menschen zu fördern und Macht auszuüben. Verfolgt wurden vermeintliche Häretiker (Ketzer), Hexen, Magier, Gotteslästerer, Wucherer etc. und solche, die Blasphemie betrieben haben.

Diese Art hat nichts mit dem Willen von Jesus oder Gott zu tun, sondern ist nur von Menschen entwickelt worden, die ihre Macht in der Kirche erhalten wollten. Davon distanziere ich mich.

In unserer heutigen Zeit sind in katholischen Klöstern Kinder missbraucht worden. Im Vatikan in Rom sind einige Intrigen an die Öffentlichkeit gekommen etc. Diese Dinge sind nicht christlich und haben auch nichts mit dem Willen Jesus oder Gott zu tun. Deswegen habe ich mich von der katholischen Kirche distanziert.

Ich habe mich vor Jahren von der Kirche abgemeldet, um meinen eigenen Weg zu finden. Ich habe die Basisschriften anderer Glaubensrichtungen gelesen und mich damit auseinander gesetzt. Ich bin aber später in die evangelische Kirche eingetreten. Ich bin aber zu einem Christentum zurück gekehrt, welches ich als natürliches Christsein bezeichne. Ich nehme die Bibel und meine Gottes-erfahrungen als Grundlage und möchte den Menschen an der Basis helfen, ohne dogmatisch oder christlich fundamentalistisch zu sein. Ich weiß, dass ich in meinem natürlichen Christsein auch da und dort straucheln kann. Aber ich versuche, Jesus als einen freundschaft-lichen Begleiter zu sehen, der mich in meinem christlichen Bemühen unterstützt.
Ablehnung der partnerschaftlichen Liebe und Sexualität halte ich nicht für gut und gesund.

Aber sowohl der Weg der Nächstenliebe in Kombination mit Partnerschaft oder auch ohne Partnerschaft, wenn das jemand möchte, halte ich für gut.

Dem Menschen begegnen, wie Jesus den Menschen begegnet ist, ist ein Weg, den ich versuche zu gehen; gerne auch mit anderen Menschen. Das natürliche Christsein will keinen christlichen Zwang ausüben. Durch das christliche Leben soll anderen Menschen das Positive an Jesus Lehre bewusst werden, aber nicht durch Zwang, Druck oder den erhobenen Zeigefinger. Wer sich davon angesprochen fühlt, kann sich gerne bei mir melden, um weitere Fragen zu klären. Ich will auch keinen Machtmissbrauch, wie ich ihn in der Vergangenheit erlebt habe, als natürlicher Christ vollziehen. Glaube und Kirche haben nichts miteinander zu tun. Ein Mensch kann auch ohne das Gebilde Kirche seinen Glauben leben. Deswegen habe ich den Bereich des natürlichen Christsein entdeckt, der den Christen die Möglichkeit geben soll, ihre geistige Entwicklung ohne Druck und Angst weiter zu bringen. Ich möchte einen Raum der Menschlichkeit schaffen. So wie Jesus die Menschen in ihren Schwächen und Ängsten angenommen hat, ist das Christsein nicht schlecht. Aber es ist ein Weg, den wir gemeinsam gehen sollten.

Als natürlicher Christ möchte ich nicht spalten, sondern vielmehr andere Christen einladen so zu leben, wie ich denke, dass es in Frieden und in Respekt dem Anderen gegenüber, auch Jesus gewollt hätte, und diese Lebensform zu einem grundsätzlichen Wohlgefühl des Lebens führt ohne Angst, wenn man so lebt.

Ich lebe gerne außerhalb von starren, absolutistischen Glaubensstrukturen, die ich für gefährlich halte.

Was ist Liebe?

Das Hohelied der Liebe (Luther Bibel)

1 Wenn ich mit Menschen- und mit Engelzungen redete und hätte die Liebe nicht, so wäre ich ein tönendes Erz oder eine klingende Schelle.

2 Und wenn ich prophetisch reden könnte und wüsste alle Geheimnisse und alle Erkenntnis und hätte allen Glauben, sodass ich Berge versetzen könnte, und hätte die Liebe nicht, so wäre ich nichts.

3 Und wenn ich alle meine Habe den Armen gäbe und ließe meinen Leib verbrennen und hätte die Liebe nicht, so wäre mir's nichts nütze.

4 Die Liebe ist langmütig und freundlich, die Liebe eifert nicht, die Liebe treibt nicht Mutwillen, sie bläht sich nicht auf,

5 sie verhält sich nicht ungehörig, sie sucht nicht das Ihre, sie lässt sich nicht erbittern, sie rechnet das Böse nicht zu,

6 sie freut sich nicht über die Ungerechtigkeit, sie freut sich aber an der Wahrheit;

7 sie erträgt alles, sie glaubt alles, sie hofft alles, sie duldet alles.

8 Die Liebe hört niemals auf, wo doch das prophetische Reden aufhören wird und das Zungenreden aufhören wird und die Erkenntnis aufhören wird.

9 Denn unser Wissen ist Stückwerk und unser prophetisches Reden ist Stückwerk.

10 Wenn aber kommen wird das Vollkommene, so wird das Stückwerk aufhören.

11 Als ich ein Kind war, da redete ich wie ein Kind und dachte wie ein Kind und war klug wie ein Kind; als ich aber ein Mann wurde, tat ich ab, was kindlich war.

12 Wir sehen jetzt durch einen Spiegel ein dunkles Bild; dann aber von Angesicht zu Angesicht. Jetzt erkenne ich stückweise; dann aber werde ich erkennen, wie ich erkannt bin.

13 Nun aber bleiben Glaube, Hoffnung, Liebe, diese drei; aber die Liebe ist die größte unter ihnen.

(Quelle: Luther Bibel, 1. Korinther 13)

Liebe nach Definition von Wikipedia:

Liebe (von mittelhochdeutsch liebe, „Gutes, Angenehmes, Wertes") ist im engeren Sinne die Bezeichnung für die stärkste Zuneigung, die ein Mensch für einen anderen Menschen zu empfinden in der Lage ist. Der Erwiderung bedarf sie nicht.

Im ersteren Verständnis ist Liebe ein mächtiges Gefühl und mehr noch eine innere Haltung positiver, inniger und tiefer Verbundenheit zu einer Person, die den reinen Zweck oder Nutzwert einer zwischenmenschlichen Beziehung übersteigt und sich in der Regel durch eine tätige Zuwendung zum anderen ausdrückt. Hierbei wird zunächst nicht unterschieden, ob es sich um eine tiefe Zuneigung innerhalb eines Familienverbundes (Elternliebe, Geschwisterliebe) handelt, um eine enge Geistesverwandtschaft (Freundesliebe, Partnerschaft) oder ein körperliches Begehren (geschlechtliche Liebe (Libido)). Auch wenn Letzteres oft eng mit Sexualität verbunden ist, muss sich nicht beides zwangsweise bedingen (vgl. platonische Liebe).

Ausgehend von dieser ersten Bedeutung wurde der Begriff in der Umgangssprache und in der Tradition schon immer auch im übertragenen Sinne verwendet und steht dann allgemein für die stärkste Form der Hinwendung zu anderen Lebewesen, Dingen, Tätigkeiten oder Ideen. Diese allgemeine Interpretation versteht Liebe also zugleich als Metapher für den Ausdruck tiefer Wertschätzung.

Kulturell und historisch ist „Liebe" ein schillernder Begriff, der nicht nur in der deutschen Sprache in vielfältigen Kontexten und in den unterschiedlichsten Bedeutungsschattierungen verwendet wird. Das Phänomen wurde in den verschiedenen Epochen, Kulturen und Gesellschaften unterschiedlich aufgefasst und erlebt. Jede Zeit und jeder soziale Verband setzt je eigene Verhaltensregeln für den Umgang mit der Liebe. Daher können die Bedeutungsebenen zwischen der sinnlichen Empfindung, dem Gefühl und der ethischen Grundhaltung „Liebe" wechseln.

Ebenso vielschichtig wie die Bedeutungen der Liebe sind die Bedeutungen der Antonyme. Im Hinblick auf die emotionale Anziehung zwischen Personen ist es der Hass. Im Sinne der Abwesenheit von Liebe kann aber auch die Gleichgültigkeit als Antagonismus angesehen werden. Absoluter Mangel an Liebe führt beim Kind zu Hospitalismus. Im christlichen Verständnis gilt auch die Angst – als der Mangel oder die Abwesenheit von Liebe und Geborgenheit – als Gegensatz der Liebe. Fehlentwicklungen der Liebesfähigkeit sind im Sinne des „reinen" Liebesbegriffes das Besitzdenken (Eifersucht) oder verschiedene Formen der freiwilligen Abhängigkeit bzw. Aufgabe der Autonomie bis hin zur Hörigkeit.

Objekte der Liebe

Selbstliebe: Selbstliebe wird in der Regel als immer vorhanden angesehen; von Einigen auch als die Voraussetzung zur Fähigkeit zum Lieben und zur Nächstenliebe angesehen, wobei nach Auffassung von Erich Fromm Selbstsucht Selbsthass bedeute. Selbstsucht äußere sich in der Liebe durch besitzgieriges Interesse. Fromm behauptet, dass zu starke Selbstlosigkeit keine Tugend sei, sondern ein Symptom, durch das unbeabsichtigter Schaden entstehen könne. Pathologische Selbstliebe („Eigenliebe") wird als Narzissmus bezeichnet.

Partnerliebe: Die geschlechtliche Liebe kann in gegengeschlechtliche (Heterosexualität) und gleichgeschlechtliche

Liebe (Homosexualität) unterschieden werden und findet oft in Liebesbeziehungen Ausdruck, für die in heutigen europäischen Kulturen das Ideal der Partnerschaft, vermischt mit dem ehemals höfischen Ideal der romantischen Liebe, betont wird. Eine besondere Rolle nimmt in vielen Gesellschaften die eheliche Liebe ein, die oftmals Exklusivität für sich in Anspruch nimmt (siehe Monogamie). Nicht auf exklusiven Zweierbeziehungen beruhende Liebesmodelle (Polygamie) spielen in außereuropäischen Kulturen und in den letzten Jahrzehnten auch im Westen („Polyamory") eine größere Rolle.

Familiäre Liebe: Neben der partnerschaftlichen Liebe sind insbesondere die Liebe zwischen (engen) Verwandten (Vaterliebe, Mutterliebe, Kindesliebe) und die Freundesliebe in menschlichen Gemeinschaften von größter Bedeutung.

Nächstenliebe: Die Nächstenliebe gilt im Sinne von Religion und Ethik primär den Bedürftigen, während die Philanthropie sie zur allgemeinen Menschenliebe ausdehnt (vgl. Menschlichkeit). Die Feindesliebe ist eine im Neuen Testament auf Feinde bezogene Nächstenliebe, die oft als christliche Besonderheit gilt, aber auch in anderen Religionen vorkommt. Ein weiteres Konzept ist das Konzept der Fernstenliebe.

Objekt- und Ideenliebe: Insbesondere in jüngerer Zeit ins Zentrum gesellschaftlicher Begriffe gerückt sind auch „Tierliebe" oder die „Liebe zur Natur". In der weitesten sprachlichen Auslegung „liebt" man seine Hobbys oder Leidenschaften und kann diese dann auch als Liebhaberei oder Vorlieben bezeichnen. Auch Ideale können demnach geliebt werden, etwa durch den Begriff „Freiheitsliebe" dargestellt, aber auch Zugehörigkeiten wie Vaterlandsliebe (Patriotismus). Diese Vorlieben können bis hin zu Fanatismus gehen, der Begriff Fan wird aber heutzutage auch für nichtfanatische Formen der Bewunderung, Verehrung bzw. Anhängerschaft verwendet.

Gottesliebe: Eine besondere Rolle nimmt die Gottesliebe ein, in ihrer allgemeinen Form die in verschiedenen (keinesfalls allen) Religionen vorausgesetzte Liebe Gottes zu seiner Schöpfung und insbesondere dem Menschen. Der gleiche Begriff bezeichnet auch die Liebe zu einem Gott.

„Objektlose Liebe": Liebe als Grundhaltung benötigt für christliche Mystiker wie Meister Eckhart kein Objekt. Liebe wird hier als bedingungsloses Öffnen verstanden. Der Philosoph und Metaphysiker Jean Émile Charon bezeichnet diese „universale" Liebe als „Finalität der Evolution" und „Selbsttranszendenz des Universums".

Ich möchte keine Verwirrung stiften, aber ich möchte doch meine eigene Definition von Liebe hier nieder legen:

Die Liebe nähert sich den Anderen an. Sie sieht das Außen und nimmt es wahr. Ich spüre die Verbundenheit mit der Anderen. Ich möchte die Andere umfassen, spüren, Freude schenken. Wir lachen, wir weinen zusammen. Wir sind einer Meinung und wir streiten uns. Wir finden zusammen und verlieren nie das gemeinsame Gefühl der Liebe im Herzen. Ich bitte, ich gebe, ich fördere die Andere. Ich danke der Anderen.

Wir versuchen zu verschmelzen und Raum zu lassen für das Leben der Partnerin.

Ich sage der Partnerin: Ja, so bin ich. Auch wenn die Wahrheit nicht schön ist.

Ich nehme die Andere mit dem Herzen wahr. Ich sehe mit den Augen tiefer in die Partnerin.

Ich gebe mein Leben für die Andere. Ich habe Harmonie und Streit und wieder Harmonie und Liebe für die Andere.

Die Andere verzweifelt gar und wird in den Himmel gehoben. Die Liebe ist nicht logisch, sie ist überirdisch. Die Liebe ist die brennende Kerze im Dunkel der Höhle. Sie ist der Abgrund und die Wolke, die einen schweben lässt.

Sie ist Kraft und Geborgenheit. Sie ist geben und nehmen. Sie ist der Hafen unserer Seele.

Liebe ist Raum geben, nicht vom Herzen loslassen, nicht verlieren. Liebe ist Wachstum und Dünger des anderen Selbst.

Liebe ist der weite Himmel und das weite Meer. Liebe ist das Zwitschern der Vögel und der Herzschlag der Partnerin.

Liebe geht über diese Welt hinaus.

Letzten Endes ist Liebe das, was Sie als Mensch für die Partnerin oder den Partner am Anfang, in der Mitte und am Ende empfinden.

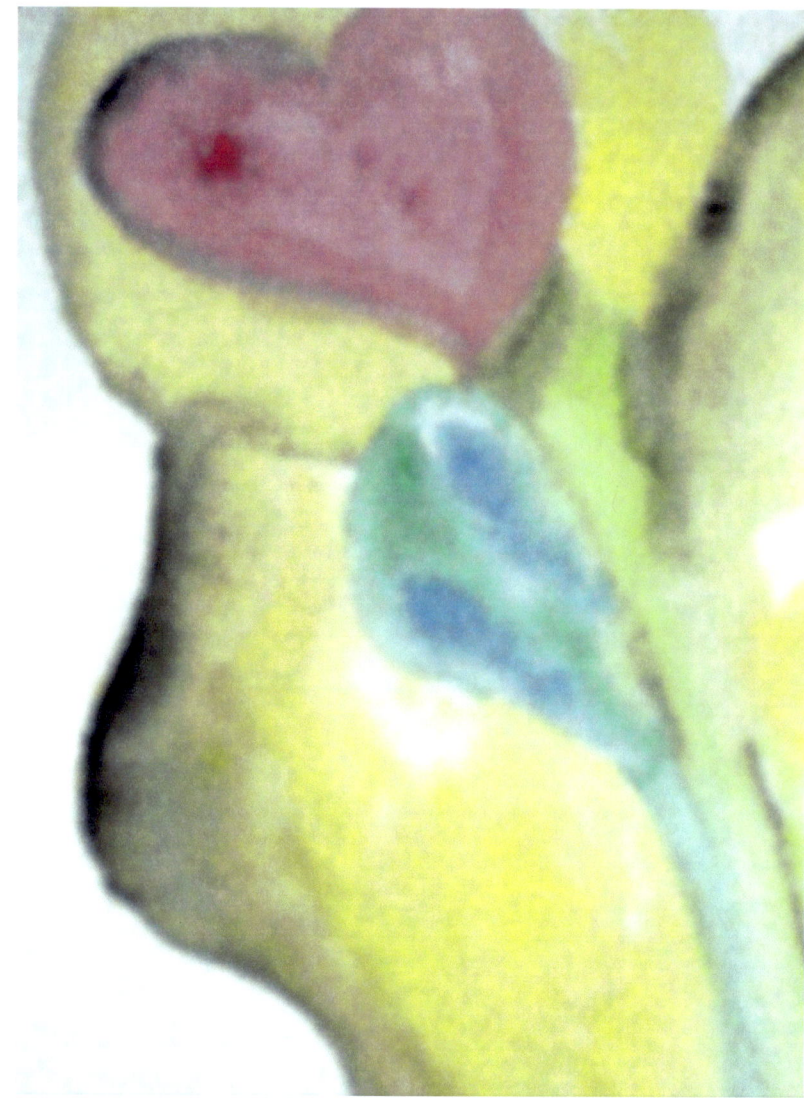

Liebesgedichte

Für Monika in Liebe, FmL

Du bist wie eine Heilige. Heilig, heilig ist dein Blick und dein Tun, dein Herz und dein Wesen. Dein Herz, so gut wie leichte Wolken, wertvolles Gold und Platin. Sehe dich in deiner ganzen Tiefe deines Seins.

Ich muss niemanden fragen, ich sehe dich tief in deinem Sein. Ich spüre dein Verlangen, dein zarter Hauch des Wollens. Nicht reden, nicht denken, tun. Zart berührst du mich und sprichst auf deine Weise mit mir. Worte wären zu schwer, zu undeutlich. Deine Augen sprechen, suchen in mir, meinem Herz nach mir und dir.

Dein Körper bewegt sich in einer Art. Du sprichst nicht viel, aber verstehst sehr viel. Leise, ruhig, sitzt du da. Du schaust und fragst mit deinen schönen, runden Augen.

Ich sehe mein Leben in dir. Ich spüre meinen Herzschlag in deinem Herzen. Wenn zwei Herzen eines werden, entsteht ein neuer Mensch. Leicht, schön wird das Leben. Die Sonne der Liebe wärmt uns und gibt uns Kraft in Gottes Geborgenheit. Zeit, sie spielt keine Rolle. Wir sind jetzt wesentlich, existent. Die Schallmauer des Lichts durchbrechend. Mein Herz, es hat großes Verlangen nach deinem schönen Herzen. Ich spüre dein Glück, ich spüre deinen Herzschlag in meinem. Oh, Gott, führe uns zusammen in Frieden und Liebe. Will mich verschenken für dich, jetzt. Lass nicht dein Ego zum Zerstörer deines eigenen Glücksgefühls werden.

Nein, ich vergesse mich nicht selbst zu lieben durch die Liebe deiner schönen, suchenden Augen.

Ich sollte nichts von dir erwarten, geschehen wird was geschehen soll.

Tränen fließen mir aus meinem Herzen und meinen Augen. Sehe dich jede Sekunde in meinem fühlenden Herzen, für dich, für mich, für uns. Oh weh, wohin kann ich nur gehen, wo mein Herz zur Ruhe kommt? Gott lass mich nicht scheitern in meiner Hoffnung, in meinem Glauben an dich und deine guten Lösungen in Liebe. Du willst nicht trennen, was zusammen passt. Du willst keine Herzen zerstören, sondern heilst diese in Liebe.

Lass uns in tiefer Umarmung Liebe schenken. Schlage nicht ein auf mein Herz. Verletze mich nicht, ich tue dir nichts. Lass uns in den Himmel der Liebe, des Lichts und der Leichtigkeit aufsteigen. Wir sind füreinander und nicht gegeneinander geschaffen. Feindschaft ist nicht unser Feld, lass unsere Herzen sprechen; lass uns den Weg der Liebe und der Nächstenliebe gehen.

Ich hoffe, es geht dir gut.

Grenzenlos

Ich sage Stopp! Die Landesgrenzen, Bundesgrenzen, Ortsgrenzen, Wohnungsgrenzen, Hirngrenze, Herzgrenze; wir können nicht fliegen in die Wolken von alleine. Wir können nicht laufen so schnell wie ein Gepard; wir können nicht so gut riechen wie ein Hund oder eine Katze; wir können nicht tauchen wie ein Wal oder ein einfacher Fisch; und ich sage Stopp, das gehört nur mir, da lasse ich dich nicht rein.

So eng, so schmerzhaft, so dunkel, so ungewiss, so... – es ist halt meine Grenze, es ist halt mein Herz; ich habe halt Angst vor dir. Habe Furcht, dass du mein Herz verletzen könntest; Furcht, dass mein Herz eine tiefe Wunde bekommt durch dich. Deswegen muss ich dich bekämpfen, wenn du zu nahe an meine Grenze kommst.

Ist es nicht so, dass wir unsere Form verlassen werden und keine Grenzen sind mehr da?

Liebe, öffne dein Herz, damit ich behutsam bei dir sein kann. Öffne deine Grenzen, denn ich will dir die Schönheit der Grenzenlosigkeit zeigen. Reich mir deine Hand und dein Vertrauen, und wir steigen auf die weite Wolke der Leichtigkeit.

Carla

Du bist da. Soll ich gehen, soll ich bleiben? Was sagt dein Herz? Wir leben zusammen und sind doch getrennt. Will dein Leben heilen, will nicht streiten, will nicht gehen. Das Kreuz von deinem Leben mit tragen, schwer, nicht leicht ist das zu tun. Ich frage dich, du sagst vielleicht. Aber vielleicht auch anders. Du möchtest nicht gefragt werden. Aber frei wie ein Mustang möchtest du in der Welt laufen, die Welt entdecken. Warum erfährst du so viel Ablehnung, Leid wie ich? Warum sind deine Augen so traurig? Spürst den Schmerz, der in deinem Herzen ist, spürst die Verzweiflung deines Lebens. Wo kann ich hin, wo bin ich zu Hause? Du fragst mich mit deinem Leben. Ich bin ratlos, warum so viele Dornen in deinem Leben sind. Mein Leben hat auch Dornen, doch wenn ich dir helfen kann, so hoffe ich, dir Dornen zu nehmen. Dein Leiden soll aufhören, dein Suchen soll Finden in Gewissheit sein. Kann ich dir wirklich helfen? Kann ich dir die Brücke zur Hoffnung zeigen? Geh in dieses Licht der Liebe, der Hoffnung ohne Zweifel. Gehe zu Menschen, die dich nicht anzweifeln, die dir die Hand geben zur Geborgenheit. Glaub mir, es gibt einen Ort in deiner Nähe, wo du fühlst dich wohl zu Hause, wo du willst gerne sein.

Das Leben fließt von uns fort wie der Bach, der von der warmen Sonne behutsam ausgeleuchtet wird. Wir alle fließen fort zu Gott.

Die Liebe

Wegbegleiterin, die du bist. Bist du jetzt hier, so spüre ich dich ganz tief. Ich spüre dein Lächeln, deine Berührung, die durch den Körper zur Seele dringt. Aus zwei wird eins für jetzt, für immer? Wir werden wesentlich und atmen den Hauch des Göttlichen, das der jenseitigen Welt. Freude, Glück, Hoffnung, Liebe. Liebe, Wegbegleiterin, wohin gehst du? Wohin entschwinden deine Schritte? Warst du nicht doch noch eben hier? Wo hat dich die Wolke, der weinende Wind hin getragen? Warum endet der Weg? Warum hier in der Ewigkeit? Liebe Wegbegleiterin warst du wirklich, wirklich jetzt im Jetzt? Oder ist die Liebe gegangen und du bliebst hier? Hat sich der Weg gegabelt und alles ist Vergangenheit. War es eben nicht noch Sommer, bevor der Winter wieder einzieht? Jetzt–heute–gestern–morgen. Ewigkeit im Atemzug.

Nächstenliebe

Bist du Mann, bist du Frau, bist du Rentner, bist du Kind? Bist du wütend, traurig oder heiter?

Willst mir schaden, ich tue dir nichts, was schlecht ist. Auch wenn du mit Wort-Steinen nach mir wirfst, möchte ich dich fragen, ob du mitessen möchtest mit mir? Will mich für dich verschenken. Nicht meines ich wichtig, sondern deines.

Bist mein Feind, so liebe ich dich trotzdem, wegen dem Teil, der gut in dir ist.

Was kann ich für dich tun?

Ich reiche dir meine Hand, weil du bist wie ich, eben ein Mensch, der vormals war sehr klein.

Du sagst, ich bin schlecht. Ich frage dich, was kann ich dir schenken? Du ignorierst mich, versuchst mich mit Beleidigen zu schaden. Ich frage dich: Möchtest du meine Jacke oder meine Schuhe haben. Gerne kannst du sie haben. Der Berg ist steil, den wir besteigen wollen, und unsere Lasten sind schwer, die wir tragen. Gib mir einen Teil deiner Last, denn meine ist nicht schwer.

Es ist schon spät. Bleib, so lange du möchtest, ich schicke dich nicht weg.

Du fragst, warum ich so bin? Weil du bist wie ich, eben Mensch. Die Nächstenliebe liebt den Nächsten und sich selbst.

Die meisten Liebesgedichte beschreiben den Anfang einer Liebe. Dieses Gedicht versucht den Anfang und das Ende zu beschreiben.

VerEn Liebesgedicht (Verliebt – Entliebt)

Ich sehe in die Tiefe deiner Augen. Spüre dein Herz, als wäre es mein. Möchte deinen Körper, deine Lippen umfassen als wären es meine. Lass uns Flügel bekommen und dann fliegen wir ins Land der Liebe; du und ich, wir sind jetzt eins. Waren wir vorher noch zwei Körper, zwei Seelen, so sind wir jetzt eins. Eins in der Bewegung, eins in unserem Verlangen, eins in der Woge der Gefühle, eins im Rausch unser Liebe, eins im Wunsch und Begehren, eins im Schlag unserer Herzen, eins im Wunsch nach mehr von dir.

Lass uns berauschen an unserer Liebe; unsere Seelen sind jetzt eins.

Bin berauscht von deinen Lippen, deinen Haaren, deinem Atem, deiner forschenden Hand, deinem Wollen, deinem Drängen zu verschmelzen, deinem Tanz auf den Wogen unserer Gefühle. Wir sind jetzt so. Wir waren zwei jetzt sind wir eins. Die Zeit spielt keine Rolle im Land der Liebe und der Wonne. Was jetzt noch zählt, das bist nur noch du. Wir fliegen, lassen uns treiben in einem Du. Weicher, runder, lass es zu. Mauern überwindend, Zeiträume lösen sich auf. Hindernisse gibt es nicht. Leichtigkeit in deiner Liebe, der Wunsch für immer bei dir zu sein, deine Einmaligkeit zu erspüren, du Türöffner zum Paradies der Liebe.

Es gibt kein Wieso und Warum, sondern nur noch ein Jetzt. Alles Verzagte, Zweifelnde verfliegt durch deinen Kuss. Du bist die Sonne, die mich nicht verbrennt. Du bist der Baum, der Leben schenkt.

Doch was ist mit uns geschehen? Warum lässt du die Dornen des Zweifels zwischen uns wachsen und entstehen?

Wo sind die Flügel, die uns in unser Land der Liebe trugen? Warum spricht plötzlich dieser Zweifel zwischen meinem und deinem Herzen so laut?

Die Kraft des Denkens und des Zweifels zerreißt unser Herz in Einheit. Unsere Herzen waren eins. Doch nun zerrt und reißt der Zweifel schmerzhaft an unserem einen Herz.

Ich habe Angst, dich zu verlieren, du zarter Liebes-Schmetterling. Wo ist deine Weiblichkeit? Wo ist dein Wunsch nach uns?

Der graue Nebel der Bewusstheit umfängt unsere Herzen schmerzhaft laut.

Wo ist dein Wunsch nach mir? Gehe bitte nicht zu dieser Weggabelung. Entferne dich nicht von mir. Lass uns nicht in der Erinnerung leben, lass uns nicht die Dornen einer Trennung, der Einsamkeit, zwischen uns wachsen. Warum quälst du unsere Herzen?

Kein Winter ist so kalt, wie du es nun bist. Du bist plötzlich nur noch Mensch und wir bleiben alleine zurück. Du wirst physisch kleiner und in der Erinnerung größer. Wo ist deine Liebe hin? Deine Seele, deine Liebe, waren wie die Quelle des Lebens, die mich mit dir verband.

Das Band, das uns verband, warum hast du es gelöst? Der Schmerz wird größer. Die Sonne der Liebe erlischt. Ich weiß, nichts ist für ewig und wir haben für uns nur eine kurze Zeit. Doch wenn du gehen willst, so gehe. Ich hoffe, es geht dir gut.

Tod

Der Tod

Er ist da, war nie fort. Sehe ihn jetzt als Gestalt in der unmanifesten Welt. Er spricht die Wahrheit, ist Begleiter zum Gott. Alles tritt zurück in die Bedeutungslosigkeit, das Wesentliche tritt in den Vordergrund: Leben, leben, bis er sagt, gehe, gehe ins Licht, gehe zum Licht, gehe zurück in deine Heimat, Mensch, oh du irrendes Etwas. Begib dich in die Gemeinschaft der Unendlichkeit.

- Die Toskana ist wie Licht und Schatten, wie Wein, Brot und Käse; wie der Ort zum Lachen und zum Weitermachen; und doch ist sie viel mehr.

- Wille, wollen ist nicht genug, man muss auch tun.

- Das Licht der Sonne kann nicht erhellender sein als die Liebe einer wahren Partnerin.

- Asche ist das Ende allen Seins, alles Schönen und gleichzeitig der Beginn manches Neuen. Denn in allem Ende steckt ein Neubeginn. In einem Nein steckt ein Ja und in einem Ja steckt ein Nein.

- Menschliche Armut verbirgt sich gut hinter materiellem Reichtum.

- Was Menschen eint, zerteilt zugleich.

- Wenn du denkst, was die Anderen wohl denken könnten, denkst du falsch.

- Stellt man sich die Frage, wie das Weihnachtsfest ursprünglich gefeiert wurde, stößt man auf die Feststellung, dass die heutigen Weihnachtsfeste genauso verlogen sind wie der Bart des Weihnachtsmannes.

- Tiere sind nicht das, wofür der Mensch sie hält. Sie sind Lebewesen, wie der Mensch, auch mit Rechten. Diese zu achten und zu schützen muss jedermanns Pflicht werden.

- Der Mensch ist sein eigenes Versuchskaninchen.

Mobbing

Mobber/in

Das Mobbingopfer ist kein Freiwild, worüber der Mobber/in frei verfügen kann.

Denn Mobbing ist eine Waffe, für die man keinen Waffenschein braucht.

Mo-o (Mobbing Opfer)

Ich möchte dir helfen, möchte freundlich zu dir sein; du genügst nicht, aber ich kann dir doch Arbeit abnehmen; rede doch keinen Unsinn!

Du bist heute sportlich angezogen. Geh und putz das Klo. Anschließend kann ich dir was kochen. Nee, lieber nicht, ich vertrage keinen Fraß, lieber bestelle ich was vom Asiaten. Hast du schon die 15 Akten durchgearbeitet, die Post weggebracht, die 8 Beschwerden abgearbeitet und den Kaffee fertig gemacht? Wie, noch immer nicht? Du musst schon ein bisschen schneller arbeiten und schau nicht so, als ob du in eine Zitrone gebissen hättest. Warum schnaufst du so? Deine Kollegin ist viel schneller und ordentlicher als du. Darf ich dir einen Kuchen bringen?

Wie, das hast du auch noch nicht gemacht! Ich kann nicht mehr.

Der Mobber 2

Es brodelt und kocht die Seele des Satans, des schlechten, des abstrusen, unmenschlichen Mobbers, des kranken, verdrehenden, verderbenden Monsters. Gut verborgen in der Taktik seines schmutzigen Werkes. Fällt Menschen an, die Gutes wollen und tun. Er ist sowohl weiblich als auch männlich, kennt keine Grenzen, dieses Monster steckt im Familienvater sowohl als auch in der Mutter.

Der Mobber, er keucht und fleucht und sucht die Seelen seiner Opfer zu zerstückeln, den Menschen zu zerstören, die Seelen quälen, essen, fressen, schnaufen, saufen und sabbern, blabber, blubber stinkt sein Geruch. Er hinterlässt Zwietracht und den Geruch des Todes und der Hölle, dunkel, verwesend, Dornen versehrt, Blut läuft von den Wänden. Dunkel, düster, heiß.

Der Mobber labert sein Gift in die Seelen der Opfer und dessen Umfeld. Er lacht und tarnt sich hinter Unwahrheit und Bösem.

Trägt Krawatte ohne Latte, bezieht seine Familie mit ein in sein abartiges Tun; Abgrund des Todes und Vernichtung von wertvollen Menschen, Verstümmeln von großen Begabungen, der Produzent des Amoks, der Mobber, der Kriegstreiber, der Zerstörer des Menschlichen, der Liebe unter den Menschen, der Zerstörer der Sonnenblume und des Schmetterlings, des Hasen und des Kindes, des Jesus, des Gandhi, des Martin Luther King, der Camille Claudel, und vieler, vieler anderer. Gedenkt der Frauen und Männer, die sich wegen des Mobber-Monsters umgebracht haben.

Opfer aller Welt, vereinigt euch, in Schulen, Häuser, Arbeitsplatz, Nachbarschaft, Familie, Freizeit, denn das Schlechte mit der bittersten aller sozialer Kälte hält Einzug in unserer Gesellschaft. Make not war, make Love. Make not Mobbing make Love, love love, love love, love, love

Sonstige

Simone S.

Das Leben hat seine Wege. Das Leben ist eine Dusche, die mal warm mal eiskalt sein kann. Warum die Seele schmerzt, warum die Qualen der Nähe und der Distanz geschehen, warum Vertrauen, Liebe gebrochen wird, warum schmerzt das Herz und die Seele so stark, dass es den Verstand zerreißt. Ist es wichtig zu wissen, dass man etwas nicht verstehen kann?

Bringt Wissen darüber oder über was anderes dir Glück und Zufriedenheit?

Du hast deine Koffer schon mental gepackt. Wohin soll die Reise gehen? Hinter den Regenbogen, da wo die Menschen freundlich und liebevoll sind. Da wo es Wesen gibt, denen man vertrauen kann. Gibt es so was überhaupt?

Ja , der Ort des Angenommenseins und der Liebe gibt es. Die Hütte in der Natur, fern von jedem Menschen der gemein und verletzend sein kann, ist bereits schon da. Die Tiere in der Natur sind die treuesten Gefährten.

Sie sind da. Sie stellen keine Fragen. Du bist für sie das Universum.

Du kannst für sie heute so und morgen so reden. Sie legen nicht viel Wert auf das Wort, sondern auf dein gutes Herz.

Du hast Familie als einen Ort der Verwirrung und der Missgunst als auch der Gewalt erlebt.

Du bist die Sklaventochter, der man Freiheit nicht gewährt. Du liebst aber die Freiheit des Tuns.

Lässt dich von deiner Tochter und deinen Erzeugern versklaven. Versuchst dich da rauszuwinden, doch mit Geld und vorgespielter Fürsorge lässt du dich wieder von ihnen einfangen.

Was beklagst du dich über diese Plage? Du willst sie doch, also sei in diesem Gefängnis, in deinem Gefängnis, glücklich.

Den Schlüssel für die Freiheit hast nur du selber in der Hand.

Ich habe versucht diese Türe deiner Gefangenschaft zu öffnen. Aber du hast die Türe der Freiheit hinter dir verschlossen. So soll es sein. Ich will nicht in diesem Gefängnis sitzen. Es ist dein Wille im Gefängnis zu leben.

Gedicht über Hands

Hands – die Kombination aus Kraft – Überlegtheit und Schnelligkeit

Es klirren die Ketten, es brummen die Motoren der Trucks, langsam und bedächtig beginnt der Motor des Aufbaus zu laufen.

Die Cases sind gestapelt bis zur Decke; Ricks, Traversen, Trolls werden vom Truck gerollt

Da und dort wird eine Ordnungsstruktur erkannt. Die Scheinwerfer werden nach oben gezogen. Da hängen plötzlich 60.000 € über dir.

Schnell werden die Stromkabel verbunden. Die Kameras und die LED-Tafeln werden zur Bühne gerollt.

Das Schlagzeug, die Gitarren, die Spezialleuchten und die Notenständer gehen auf die Bühne mit.

Beim Rennen vom Truck, beim Rollen der Cases bewegen sich plötzlich zu Viele im Truck. Doch ruhige Nerven behalten, Nerven wie Gaffa, das wird jetzt gebraucht.

Jedes Bühnenteil prägt die Bühne und formt sie neu.

Das Gebilde Bühne flach und ohne Kabel bekommt Dimension und elektrische Eingeweide.

Eine Armada Hands wuchtet am Abend Tonnen aus dem LKW und am frühen Morgen wieder hinein.

Jeder Handgriff muss sitzen, die Nichtaufmerksamkeit wird sofort mit einem Bruch oder einer Quetschung geahndet.

Doch das wirft uns Hands nicht aus der Bahn.

Wir möchten die Bühne stehen und leuchten sehen. Wir möchten die Musik spielen und die Menschen fröhlich sehen.

40.000 Menschen sind keine Seltenheit.

Wir tragen Helm, unsere Muskeln spannen sich und wuchten Cases durch die Luft, dass uns der Schweiß ins Gesicht gedrückt wird. Lachend nehmen wir die Last gemeinsam auf uns und bauen gemeinsam am Kunstwerk Bühne – Jala – Jala, es geht weiter, der Puls ist zum Zerreißen gespannt. Die Zeit drängt. Die Menschenmassen drängen ins Stadion.

Eine Hand hilft der anderen. So wurden auch die monumentalen Bauten der Geschichte errichtet.

Wir sind die Erbauer neuer Kathedralen. Gigantisch ragen sie in den Himmel, gespickt mit feinster Technik, Spannungsreglern und blinkenden Dioden bringt die Show die Menschenmassen zum Kochen und Brodeln.

Das Gemisch aus Lichteffekten, Musik und Bühnenshow der Musiker bringt die Massen zur Ekstase.

Und am Ende des nächsten Tages, wenn der letzte Truck beladen in die nächste Stadt fährt, beginnt das Schauspiel des Aufbaus von Neuem.

Fallen

Ich gehe meinen Weg. Die Straße, sie ist uneben. Die Straße, sie ist mit großen Steinen belegt. Ich stoße mich an dem einen und dem anderen Stein. Die Steine haben unterschiedliche Namen:

Menschen, Partner, Arbeit, Familie, Freizeit, Glauben, Hoffnung, ...

Ach, warum sind so viele Steine auf meinem Lebensweg? Warum ist meine Straße so uneben? Warum sind die Schlaglöcher des Lebens so tief?

Es bewegen sich Menschen in meiner Nähe, sie begleiten mich auf dem Weg ins Licht, zu Gott. Es ist verwunderlich, dass manche doch Interesse an meinem Leid haben. Gott sei Dank habe ich nicht seine Probleme, geistert durch die Köpfe der Anderen. Meine Seele schreit, diese Schmerzen, die aus meinem Herzen tönen; laut wie die Sirene einer Bomben-Warnanlage gleich. Schmerzen, wie Spieße, die Menschen mir in mein empfindsames Herz rammen. Es tönt, es quietscht, unbarmherzig zieht der Schmerz durch meinen Körper. Menschen tragen mich, Menschen versuchen mich zu verstehen, Menschen versuchen mich zu vernichten.

Liebt mich ein Mensch? Dann aber, du, ich habe jetzt keine Zeit; du, ich muss noch dies und jenes machen. Du, und einkaufen muss ich auch noch.

Du, arbeiten muss ich auch noch. Dein Schmerz ist dein Schmerz, warum soll ich ihn dir nehmen? Trage an deinem Leben gefälligst alleine. Bin nicht die Post, die die großen, schweren Pakete der Welt annimmt oder verteilt.

Die Uhr bestimmt den Grad der Menschlichkeit. Gerade war ich noch von Menschen getragen wie über eine Brücke der Hoffnung. Doch nun falle ich, da die Brücke nicht mehr da ist. Ich greife nach rechts, ins Leere; ich greife nach links, ins Leere. Die Schwerkraft zerrt an mir. Wie ein Stein falle ich nach unten. Wer fängt mich auf? Wer ist nun da? Verlasse dich nicht auf das Fleisch, so steht's in der Bibel. Auch der beste Freund oder die beste Freundin können gehen. Und plötzlich ist Gott da. Menschen drehen sich um und lassen dich fallen, du fällst weich, in Gottes Hand.

Der Flug des Schmetterlings

Ich erhebe meine zarten Flügel, bin leichter als eine Feder wiegt; ich fliege fort von jenem Ort, bin jetzt da und auch gleich fort. Der Wind trägt mich von einem Ort zum anderen, geschwind.

Fliege nach oben und dann nach unten, nach rechts und jetzt ganz plötzlich nach links.

Ich lande auf Steinen und auf Blumen, lande auf Blättern, auf guten wie auf schlechten Menschen, weiß nicht viel, doch lebe ich jetzt!

Was nützt uns Menschen unser großes Hirn, unser Wissen und Können. Können wir deswegen besser leben als der kleine Schmetterling?

Wie viele Menschen können nicht leben, obwohl sie doch so viel wissen. Der kleine Schmetterling weiß nicht was morgen ist, weiß nicht woher er kommt, wohin er geht. Er freut sich einfach über die warmen Sonnenstrahlen, den Nektar, den die Blumen ihm geben. Er ist jetzt präsent, denkt nicht nach über den Regen von Morgen.

Der Schmetterling erhebt seine schönen, zarten Flügel und fliegt mal dorthin, mal hierhin. Er fliegt nicht gerade, gerade ist nicht natürlich. Was gibt es schon in der Natur, was gerade ist?

Der Schmetterling ist hier, er sitzt und tut. Was macht er da? Oh, Mensch, mit deinem Warum. Macht das Warum glücklich? Macht das Warum reich?

Sieh dir genau den kleinen Schmetterling an. Wirst du jemals mehr besitzen als er?

Der Schmetterling ist leicht und grazil. Er könnte nicht fliegen, wenn er die Gemütsschwere des Menschen hätte.

Er zeigt, wie man fliegen kann mit Leichtigkeit und Geschick. Ein Schmetterling stürzt nie ab, sondern wird behutsam von jedem Wind getragen, hin zur Sonne, hin zum Licht.

Der Schmetterling weiß nichts vom Tod, weiß nichts von komplizierten Berechnungen der Materie. Der Schmetterling möchte einfach leben und genießen und mal da sein und mal dort.

Werde wie ein Schmetterling im Sonnenlicht; der nicht zählt die Stunden oder Minuten, die ohnehin nicht wirklich sind.

Sich dahintreiben lassen im Sonnenlicht.

Die Lebenszeit

Tik, tak, tik, tak, die Sand-Uhr rinnt. Leise, schnell, durch unsere Lebens-Sand-Uhr. Wohin gehst du, du kleines Sandkorn?

Wir schrien voller Angst, als wir in diese Welt kamen; gehen wir leise aus dieser Welt. Zwischen dem Einen und dem Anderen liegt unser Sein in dieser Welt. Wir sind gekommen, um unsere individuelle Spur zu hinterlassen; einen Teil zum Regenbogen der Menschheit beizutragen.

Es gab auf diesem Planet eine Zeit ohne uns Menschen und es wird eine Zeit kommen ohne uns Menschen auf diesem Planeten. Was sollen wir tun, nur tun, in dieser Sekunde unserer Existenz?

Will begreifen, will ergreifen die ganze Welt, in einem Atemzug.

Die Sonne erhellt den Wassertropfen auf einem Blatt im Wald, auf dem eben ein Schmetterling in seiner Farbenpracht saß.

Die Erde bewegt sich, verändert sich, es wird hell und dunkel und ich höre meine Lebens-Sand-Uhr sagen:

Oh, Mensch, was willst du verstehen? Ein für immer gibt es nicht!

Für immer verliebt, für immer verheiratet, für immer angestellt, für immer gesund, für immer in dieser Haut, für immer sicher; glaube Mensch, glaube an Gott in dieser Welt und auch danach.

Sage Ja zum Jetzt, sage Ja zu deinem Leben, sage Ja zu dir, sage Ja zu jedem Sandkorn, das der Schwerkraft nachgibt und Platz macht für den Raum, aus dem wir kommen und in den wir gehen. Sage Ja zur Liebe, sage Ja zum Frieden, erschaffe schöne Augenblicke und erhalte sie.

Sei gewiss, ich werde plötzlich leer sein und du woanders.

Atme ein und aus. Wo bist du hin mein Leben?

Wir stehen da als höchste Geschöpfe und wissen doch nichts; Erleichterung bringen mir die Tränen aus meiner Seele.

Lebenszeit ist die Zeit des Lebens. Zeit ist Anfang und Ende, eine Definition aus unserer Welt, von Welt zu Welt.

Ha, du machst uns keine Angst, Sand-Uhr, bist nur ein Teil in dieser Welt.

Die Taufe

Du hast ein Leben gehabt zuvor, ein Leben mit vielen Fragen, ein Leben in Hoffnung und Resignation.

Als kleines Kind wurdest du getauft, damit du im Bunde mit Gott sein kannst. Das Wasser hat dich rein gemacht für Gott, dein Schreien war das Bekenntnis.

Doch nun hast du dich entschieden, als erwachsener Mensch dich bewusst unter Gottes Führung, Schutz und Fülle zu stellen. Du kennst die unbändige Kraft dieser Verbindung. Du gibst dein Leben bewusst in Gottes Hand. In dem tiefen Wissen um die Freude und Verantwortung stehst du nun im Taufbecken.

Du spürst das Wasser der Veränderung dich umgebend, du spürst noch einen Augenblick den alten Menschen in dir. Dann lässt du dich fallen, ganz und gar, und tauchst ein in den Frieden Gottes. Die Ruhe, die Stille des Wasser umgibt dich ganz. Du wirst getragen, du wirst umspült, innerlich wie äußerlich von dem Geist Gottes. Dein Atem stockt, doch dir wird nichts geschehen.

Dann steigst du auf aus den Wellen und mit dem ersten Atemzug spürst du dich als neuen Menschen. Gott schenkt nur dir ein ganz persönliches Geschenk. Sorgen, Ängste, Zweifel sollten nun weichen. Gedeihen wirst du im Vertrauen.

Nun stehst du in der Gnade Gottes und sollst auch Gottes Willen tun. Gott soll dir der rechte Lebensführer werden.

Regen

Es donnert, es blitzt, es fällt das Wasser vom Himmel, einzeln und gemeinsam und mit großer Geschwindigkeit, nicht einsam. Nass, kalt, lautlos laut, fällt das Wasser durch die Luft. Tropfen für Tropfen, mit dem Auftrag Leben zu erhalten und Leben zu nehmen. Woher kommst du, du kleiner Regentropfen mit soviel Macht und Kraft? Wohin gehst du so schnell? Bist jetzt da und doch entweichst du dem Besitz des Menschen. Bist flüchtig und doch nicht auf der Flucht, bist keinem Gesetz unterlegen und keine Grenzen können dich aufhalten. Kommst aus dem Nichts und gehst zu den Pflanzen, Erde und Menschen, um deine magische Kraft zu schenken.

Klar, durchsichtig, ohne Absicht und Wollen gehst du deinen Weg vom Nichts zum Etwas und vom Etwas ins Ewige, Grenzenlose; vom Sein zum Nichtsein. Tak, tak, tak, tak, klopfst du an die Scheibe. Warum lässt dich nur keiner rein? Warum flüchten die Menschen vor dir, warum will niemand von dir umarmt werden? Schenkst Leben, nimmst Leben, kommst und gehst, bleiben willst du nicht.

Machst rein, was unrein war, machst groß, was klein war. Bist uns bekannt, doch wissen wir nur wenig über dich, du kleiner Tropfen ohne Namen. Willst du uns was sagen, auf deinem Weg? Hat der Mensch den gleichen Weg? Begreift der Mensch das unbegreifliche nicht? Will er es nicht wissen, weil es zu einfach ist, was nicht einfach sein darf. Weil der Mensch glaubt, zu wissen, was er nicht wissen kann. Versuch den Regentropfen zu fassen, versuch den Wind zu fassen. Regenbogen, der du dich gliederst in Pracht über den Dächern, leise, still ziehst du deinen Bogen. Machst den Tropfen sichtbar der unsichtbar war. Tak, tak, tak, ...

Weihnachten

Gott, Herr, Vater. Du zeigst dich uns durch deinen Sohn. Du zeigst dich durch deine Fülle, deine Liebe.

Du erfreust deine Kinder nicht nur zur Weihnachtszeit. Doch gerade zur Weihnachtszeit spüren wir deine Präsenz besonders.

Damit ist kein Stress und Streit gemeint. Damit ist nicht das materielle Weiterreichen gemeint. Damit ist die Freude in der Seele am Anderen, an dir gemeint. Damit ist das Bewusstmachen des Glückes gemeint, das du uns geschenkt hast im Leben.

Damit ist die Freude am Schnee gemeint, am Licht, welches du behutsam über den Schnee gleiten lässt und der Schnee erstrahlt wie 1.000.000 Diamanten.

Damit ist die Wärme in unseren Wohnungen und Herzen gemeint. Damit ist das Danke an den Anderen gemeint für kleine Geschenke im Alltag, die unser Herz berührt haben.

Dieses Danke wollen wir an dich, an andere Menschen, Tiere, Natur... weiterreichen, damit dein Wille des Friedens und der Fülle auf Erden sich manifestieren kann. Wir verbeugen uns vor deiner Pracht.

Weihnachten, die Hoffnung, die wir alle haben.

Stille

Ich bin geborgen, auch wenn ich nicht mehr bin. In der Stille gebe ich mein Ego Gott und Gott nimmt mich von mir selber. Dadurch bin ich und bin auch nicht. Was scheinbar ist, ist doch nicht. Ich bin nicht Form in der Existenz, sondern geborgen in Gott. Ich atme ein und sehe mein Formloses in Gott. Wovor fürchte ich mich? Formlos bin ich ohnehin in Gott. Gott formt mich in sich. Ich atme aus und die Wolke Gottes trägt mich fort. Still, leise. Hörst du den Flügelschlag des Schmetterlings? Hörst du den Beginn des Regenbogens?

Die Häsin

Weich, schnell, schlau. Vor Freude springend, in der Luft drehend, das Leben feierndes Wesen.

Bin jetzt da und schon wieder weg. Mein Auge ist sensibel, mein Gehör ist scharf. Mir entgeht nichts an Gerüchen und nichts an Bewegung im Gras.

Bin dir freundlich und liebevoll gesonnen, du Mensch, der du glaubst mich zu fangen. Du bekommst mich nicht, denn ich bin schneller als du.

Bin gern mit anderen Hasen zusammen und habe gerne Junge, der Zahl gar viele.

Kümmere mich um alle und bleibe doch liebevoll bei mir.

Warum sorgst du dich, Mensch, in deiner Unvollkommenheit um mich. Ich sorge für mich selber, denn ich bin Gott näher als du es denkst.

Halt mich nicht auf mit deiner seltsamen Welt, du Mensch, der sein Leben nicht lebt. Ich brauche niemanden, der mir das Leben erklärt. Und schon bin ich bei den Anderen und spiele und tolle und freue mich über mein Leben in diesem Moment. Was ist morgen? Was ist gestern?

Ich freue mich jetzt des Lebens und das ist sehr schön.

Ich brauche mich nicht zu fragen, in meiner Freiheit, wo die Grenzen des Lebens sind.

Ich bin mal weg im Karotten-Feld; da drüben ist ein herrliches Sellerie-Feld und Birnen gibt's da auch.

Brauchst nicht auf mich zu warten, bin nur kurz bei dir gewesen. Muss noch mein Nest fertig bauen. Sei nicht traurig, armer Mensch, denn ich mag dich trotzdem.

Spätzle und die Kummbira

liebe lait, von hait, was gaids schöneres, als wenn ma mehl mit wasser ond a bisle etcettera vamischa ka zum Taig, der gute Spätzle werde wird. Hot mar am Toch a bisele was gschafft, so schmäkt essa no besser. Di spätzla rutsche runter wie a gälter Fisch und gut sand die wie gröschteta Kummbira. Gröschteta Grummbira sind au was feines. Die wera brate in gutem Ail mit frische Kräter ond frisch gegassa werda sä au. Ja ned kalt wera lassa, sonscht ka ma sie ide essa mehr. Doch na fragdt sich da schlaue schwab, was schmekt den beasser da Spätzla oder da Kummbira im Salod? Sait wann komme Spätzla in da Salod? Des gaids noch neda allaweil, Zeit wird kumma das des au euner mal ausprobiera wird.

Der Altruist

Nein, er ist kein Terrorist, der Altruist. Du möchtest mit mir reden, ich rede mit dir, bis ich dir geholfen habe. 7 Stunden Telefonate oder lange Gespräche sollen dir helfen? Meins ist nicht wichtig. Deins ist mir wichtiger. Ich helfe dir, denn du bist es Wert geholfen zu werden. Du bist ein Mensch mit Wert, auch wenn niemand es dir sagt. Dein Leben ist wertvoll, bergereife das. Ich helfe dir zu empfinden, was keiner dir sagen möchte. Meine gute Art, mein Wissen, meine Weisheit möchte ich mit dir teilen, bis zur Selbstaufgabe hin erfüllt. Denn im Teilen meines Lebens mit dir habe ich meinen Gewinn. Dir das zu geben, was du nicht für möglich hältst, ist möglich.

Du fragst warum? Diese Frage ist keine Frage. Du bist in der Existenz mit deinem Thema. Ich bin der Schlüssel zu deiner Tür der Erkenntnis. Deswegen bin ich in deiner Existenz.

Ich fahre dich in deiner unscharfen Welt. Dein Bild von deinem Leben und von deinem Lebensweg ist anders. Wohin er führt, bestimmst nur du alleine. Ich bin nur der Träger des Schlüssels einer Tür, die du aber aufmachen musst.

Ich weiß auch nicht mehr als du. Ich bin nur dein Schlüsselträger in dieser Welt der Flüchtigkeit.

Siehst du die Sonnen Strahlen und den Blauen Himmel? Siehst du Gott mit deinem Herzen und tust auch so? Dann weißt du alles, was du wissen musst. Dann gehe deinen Weg, den nur du so beschreiten kannst. Ich trage dich, so gut ich es kann. Trage dich, bis du Flügel hast und deine Freiheit erkennst.

Ich trage deine Sorgen, deine Ängste, bis du fliegen kannst. Sorge dich nicht um mich, ich helfe dir in deiner Not. Meines ist nicht so wichtig, du bist in der Not. Wenn du fliegen kannst, so fliege ich mit dir in das Land der Sorglosigkeit, der Liebe.

Das Zwitschern der Vögel
Die Hoffnung kehrt zurück

Es war die Jahreszeit wo Bäume und Tiere sich vor der Kälte versteckt haben. Das Wasser war nicht mehr flüssig, die Bäume und die Wiesen nicht mehr Grün.

Blumen in ihrer Farbenpracht waren in dieser Zeit nicht vorhanden. Es war nur die Farbe weiß in ihrer ganzen Kälte bis unter die Haut da.

Das Feuer und die Menschlichkeit, sie sollten helfen das Trübe, ohne Sonne, ohne den blauen Himmel, ohne die Vögel, die ansonsten singen in den freudigsten Tönen, zu überstehen.

Das Grau des Himmels erdrückt unsere Seelen, raubt uns den Atem und Kälte packt uns ein.

Es ist still im Wald geworden, die Kälte hat Einzug gehalten.

Die Sonne hat sich Urlaub genommen, die Tiere ziehen es auch vor zu ruhen.

Doch plötzlich, es geschieht ganz unerwartet, hört es am Morgen ein leise Zwitschern. Die Töne hell und klar.

Das Ohr erfreut sich dieser Botschaft, denn der Frühling ist jetzt da. Der Sommer schleicht sich an und will dich retten aus deiner Trübsal Angst. Das Zwitschern wird lauter und der Himmel klart sich auf. Die Sonne wird dann kräftiger und die Tiere schütteln den letzten Schnee von ihrem Pelz.

Die Seele, sie wird leichter, denn das Licht der Sonne, der Hoffnung trägt mich aus meinem Bette Lager.

Hört ihr das Zwitschern, die Lebensfreude, die Hoffnung der Vögel? Steigt auf diese Töne, tanzt mit den Tönen, tanzt eueren Tanz des Lebens und der Hoffnung. Damit die Freude und die Liebe nie enden möge.

Die Tasse Tee

Es kocht das Wasser, es bewegt sich die Luft, die Zeremonie kann beginnen.

Die getrockneten Pflanzenblätter warten darauf, wieder belebt zu werden. Ja, das heiße Wasser umspült jedes Blatt, es beginnt wieder zu leben und verwandelt den Raum in einen wohligen Genuss. Es riecht, es duftet, es belebt den Geist. Mythische Wolken aus Wasserdampf umgeben die Kanne. Das Wasser, welches die Teepflanzen aufgenommen haben, ist jetzt nicht mehr einfaches Wasser, nein, es ist zum Tee geworden, Wärme und Gesundheit schenkend. Wie schön warm schmiegt sich die warme Tasse in meine Hand. Wie warm und ruhig es in mir wird. Hörst du das Vogelgezwitscher im Wald? Hörst du den Regentropfen, der auf die Scheibe fällt? Jetzt beginnt der Regenbogen und endet wo?

Eine Stille kehrt ein. Dein Herz beginnt zu schlagen. Die friedliche Einheit mit dem Jetzt, mit dem Sein. Jetzt möchte ich die Blätter umarmen und dankbar mich vor ihnen verneigen:

Friede – Stille – Jetzt

Danke, für das Lesen und Ihr Interesse an den Gedichten.

Ich wünsche Ihnen ein schöne und gesunde Zeit

Ihr

Georg Nusser